AF388857

LETTRE

A MESSIEURS LES AUTEURS

QUI ONT CRITIQUÉ L'OUVRAGE POSTHUME DE MME DE STAEL, INTITULÉ : *CONSIDÉRATIONS SUR LES PRINCIPAUX ÉVÈNEMENS DE LA RÉVOLUTION FRANÇAISE;*

PAR MADAME LOUISE DAURIAT.

PRIX : 60 centimes.

A PARIS,

Chez MONGIE aîné, Libraire, Boulevard Poissonnière, n° 18.

1818.

IMPRIMERIE DE MADAME JEUNEHOMME-CRÉMIÈRE,
RUE HAUTEFEUILLE, N° 20.

LETTRE

A MESSIEURS LES AUTEURS

QUI ONT CRITIQUÉ L'OUVRAGE POSTHUME DE MME DE STAEL, INTITULÉ : *CONSIDÉRATIONS SUR LES PRINCIPAUX ÉVÉNEMENS DE LA RÉVOLUTION FRANÇAISE.*

ET moi aussi, Messieurs, j'ai critiqué ces *Considérations !* Et j'ai donné à mon ouvrage, qui m'a forcée à une assiduité de trois grandes semaines, le titre de *Commentaires;* et je veux, avant le temps qu'il faut pour sa publicité, que vous sachiez que je me suis jointe à vous pour cette œuvre, qu'on pourrait bien appeler une œuvre de piété !

Toutefois, Messieurs, malgré l'importance qu'on a attachée et qu'on veut attacher encore à ces sortes de Considérations, aucun de vous, sans doute, ne croit à leur postérité?... Vous ne pensez pas que les hommes à venir s'en occu-

1.

(4)

peront jamais ? Ce n'est pas cette espèce d'ap-
préhension qui vous a poussés à la critique ?...
Disons donc que vous avez voulu mystifier de
certains amours-propres, réprimer quelques
opinions encore en faveur...., corriger, détruire d'odieuses doctrines, rabaisser de certaines prétentions, et défendre des causes exis-
tantes !... enfin le présent vous a seulement oc-
cupés. En effet, comment se figurer ces trois
volumes de madame de Staël, dans les mains des
générations futures ? En supposant qu'ils pus-
sent se frayer un chemin dans les temps, comment pourraient-ils soutenir une comparaison
avec la vérité qui triomphe des siècles, même
les plus reculés ? Non, personne ne voudrait reconnaître la révolution française sous cette
plume, semblable à une flèche empoisonnée !
Cette révolution, dont les archives ne me sortent
pas des mains depuis 1814, cette révolution,
dont je me fais une étude constante, s'offre-t-elle
seulement par le moindre côté, dans cet ouvrage
qui tient avec orgueil le premier rang parmi
les libelles ? Eh ! qu'importe que l'auteur ait cité
des faits, de grands évènemens connus, quand
leurs causes, leurs motifs sont défigurés avec
tout l'abus, tout l'acharnement de l'esprit con-
tre-révolutionnaire !.... Et c'était là une femme
patriote ! une amante du système libéral !. une

(5)

idolâtre de la liberté !... Je parierais bien que madame de Staël avait souvent Machiavel sous son
oreiller, Saumaise sur son cœur, et la doctrine
de Milton, sur la royauté, dans le coin le plus
poudreux de sa bibliothèque !....

Oui, Messieurs, depuis 1814 je ne m'occupe
que de politique, et la littérature avant rem-
plissait presque tous mes instans !... Tel est l'em-
pire de certaines circonstances, qu'elles chan-
gent quelquefois nos goûts, nos penchans,
notre vocation même !...... Cette révolution,
maintenant, je la sais par cœur...., et j'ose dire
que je la connais presqu'aussi bien qu'un con-
ventionnel peut la connaître ! Et ce n'est pas
peu prouver que je me suis enfoncée dans la
recherche des évènemens : à une époque où
tous les esprits, où tous les cœurs s'émurent,
se soulevèrent violemment, le mien ne devait
pas être le dernier à ressentir la commotion
universelle !... L'aspect d'un cosaque armé, d'un
cosaque ennemi, m'a fait assez connaître que
je portais en moi le feu du patriotisme !...

Je n'ai pas encore lu, Messieurs, vos ouvrages
critiques sur celui dont il s'agit; je n'en ai eu
d'autres notions que par les extraits que les
journaux en ont donnés; mais cela m'a suffi
pour juger dans quel esprit vous écriviez. Alors,
j'écrivais aussi sur le même sujet, et c'est ce que

(6)

l'avertissement, en tête de mes *Commentaires*, ne laisse point ignorer.

C'est cet amour de ma patrie et ma propre conscience, sur-tout, qui m'ont fait repousser avec amertume, et souvent même avec horreur, tant de mensonges et de calomnies ! Je n'ai pas toujours eu le courage de commenter cet ouvrage, chapitre par chapitre, car j'ai passé rapidement sur la quatrième partie du deuxième volume, et sur la sixième et dernière, l'une contenant la prétendue histoire de Bonaparte, et l'autre étant uniquement consacrée aux éloges sans fin de l'Angleterre.

Je vais vous faire part seulement, Messieurs, de l'opinion que j'ai opposée à celle de l'auteur, relativement à cette nation ; peut-être trouvera-t-on, qu'à cet égard, je me suis tenue dans des limites un peu étroites ; mais c'est que bien souvent, comme au bon Lafontaine, *les longs ouvrages me font peur*.

Je sais bien qu'on me fera, comme à vous, le reproche de censurer une personne qui n'est plus ! Mais qu'est-ce qu'un reproche spécieux ? Un livre n'a rien de commun avec les froides dépouilles de son auteur ! Est-ce qu'un livre n'est pas un être trop plein de vie, pour qu'on ne l'attaque point alors qu'il porte en soi-même des principes corrupteurs ? Assurément, madame de Staël n'aurait pu, de son vivant, garantir son ouvrage de la critique la plus rigoureuse; et puisqu'il lui survit, pourquoi serait-on muet?

Voici donc, Messieurs, mon opinion à l'égard de l'Angleterre. Ne pensez pas qu'en vous donnant cet extrait de mon manuscrit, je me croie un talent à l'égal de celui des bons écrivains. Non, Messieurs, je ne saurais avoir cette ridicule vanité. C'est du fonds de mon cœur que je tire le plus de jour, et il faut que cette lumière me dédommage quelquefois du malheur de ne pouvoir atteindre le mérite que j'admire si sincèrement dans les autres. Aussi, je m'en tiens au sentiment; c'est à moi de m'en faire une arme puissante pour la cause sacrée que je défends. Et, comme cette sorte d'arme s'émousse difficilement, il se pourrait que je la saisisse avec bonheur!... et qu'alors il me fût permis d'espérer un triomphe!...

EXTRAIT

Des Commentaires sur l'ouvrage posthume de Madame de St aël, intitulé : Considérations sur les principaux évènemens de la Révolution française; *par Madame L. D.*

SIXIÈME ET DERNIÈRE PARTIE.

« En arrivant à la sixième et dernière partie de cet ouvrage , je me proposais d'abord de la commenter ainsi que j'avais fait des autres, c'est-à-dire , chapitre par chapitre. Mais en réfléchissant un peu, j'ai reconnu que tant d'anglomanie ne méritait pas un si scrupuleux examen : et nous prendrons en masse , ou pour le fond seulement, ce tableau de l'Angleterre.

« Ainsi donc , il est établi, par madame de Staël, que les Anglais ont seuls en partage une constitution qui leur garantit tous les droits individuels , tous les droits les plus sacrés. Que les Anglais seuls possèdent au degré le plus éminent, l'art de se gouverner en hommes libres. Que rien n'est au-dessus de leur morale, de leurs mœurs,

de leur intelligence, de leur industrie, de leur esprit, de leur philosophie, de leur génie , de leurs
vertus : qu'eux seuls perfectionnent les sciences ,
et qu'en eux seuls enfin est le véritable foyer de
toutes les lumières ! Qu'on ne pense pas qu'en
rassemblant ici tous ces trésors accordés à une
seule nation , j'aye en rien exagéré l'opinion de
madame de Staël à cet égard. Maintenant, que
reste-t-il aux autres peuples, et sur-tout à la
France , sinon cette triste et malheureuse con-
templation qui les place aux pieds des Anglais,
les premiers hommes du monde !....

« Ah ! qu'il s'en faut de beaucoup que la pré-
dilection divine se soit étendue à un tel point
sur nos voisins d'outre-mer ! Toutefois, je
n'aime pas à me traîner servilement sur les opinions des autres ; mais quand telle opinion est
devenue générale , pourquoi ne pas céder ?
La pluralité des voix ne décide-t-elle pas du
mérite ou de la valeur de telle chose ou de tel
individu ? Croit-on que ce qui frappe les sens
du plus grand nombre, n'acquiert pas suffisam-
ment de force ? un fonds de vérité que rien ne
saurait détruire ? Il y a long-temps que l'on a
reconnu que la constitution anglaise est bonne
par son principe ; que les Anglais ont de la morale , des mœurs, de l'industrie , des lumières, etc....., mais que ce n'est point à eux qu'on

décernera le prix d'aucune perfection. On sait trop bien d'ailleurs quelle est l'ame de l'Angleterre.

« Si la constitution anglaise est bonne par son principe, la raison en est toute simple : c'est que ce principe appartient à tous les peuples qui sentent le besoin de leur indépendance; c'est qu'il est le principe commun à tous les hommes : ce ne sont donc pas les Anglais qui l'ont inventé. Mais, vue dans ses détails, je ne pense pas qu'il existe une constitution plus vicieuse dans un état libre, que la constitution anglaise. Il s'en faut de beaucoup qu'elle garantisse toutes les libertés dont se vante orgueilleusement le peuple anglais : que dis-je? dont on veut le persuader et le rendre fier!... C'est une terrible chambre que cette chambre haute!... En vain la constitution anglaise a donné à celle des communes, une puissance ! mais ce n'est pas la puissance redoutable! En théorie, cette constitution a de la dignité ; en pratique, c'est une fille exposée aux attaques du premier lord qui veut s'en emparer pour la faire servir à ses caprices, à sa vanité, à son ambition. De concert avec le pouvoir exécutif, la séduction en Angleterre a remué toute l'Europe, et la remuera tant qu'elle pourra. Madame de Staël n'a pas osé cacher l'extrême faiblesse du parlement, depuis vingt-cinq ans sur-tout, et cette docilité au ministère est trop incontestable. Mais pourtant madame de Staël espère dans la force des mœurs et des institutions anglaises. Elle reprend courage en pensant que le premier peuple de la terre ne peut long-temps encore s'oublier à ce point....

« Ah ! les mœurs ! les mœurs anglaises ! les re-connaît-on bien dans l'une des plus importantes institutions de ce pays ?... Quoi de plus révoltant que la manière de procéder à la nomination des représentans du peuple ? Quel est cet esprit de liberté ? Mais je me trompe, il n'entre aucun esprit de liberté dans cette conduite. Une vile populace est chargée de gagner les guinées qu'on lui a données pour son suffrage ! En vain un candidat, sous la protection d'un lord, espère-t-il traverser cette nuée d'hommes soudoyés s'il y a dissidence parmi eux ; car bientôt un horrible combat s'élève, des clameurs, des cris aigüs se font entendre. En vain le lord monte sur l'impériale de sa voiture pour apaiser les furieux : sa harangue redouble leur audace, son candidat est blessé, et lui-même reçoit quelquefois un coup mortel, soit à la mode des boxeurs, soit d'une pierre adroitement lancée, soit enfin d'une arme perfide, tel qu'un couteau de cabaret ! Quoi ! les mœurs des citoyens anglais n'en sont point épouvantées ! Quoi !

la voix du peuple n'a pas encore tonné contre ces excès immoraux d'une odieuse vénalité !

Pour ce qui est du code pénal, combien la nature n'est-elle pas effrayée des supplices qu'il inflige aux coupables ? Et, qui ne serait pas révolté du défaut de sagesse qu'on remarque dans l'application de ces sortes de lois ? Peut-on si mal graduer les peines encourues, soit par le crime, soit par la fraude, soit par la malveillance ! Et faut-il que le temps n'ait point encore apporté de changemens salutaires dans le code de cette nation tant vantée par madame de Staël ! Il est vrai que le prévenu est assez souvent sur un bon terrain pour se défendre, mais il n'est pas moins vrai aussi que si peine est adoucie, ou s'il est acquitté, c'est plutôt par le hasard qui le fait échouer à des juges humains, que par les formes et par la fidèle interprétation de la loi. Et pourquoi forcer un juge à se mettre au-dessus de la loi ? La loi n'est-elle pas une ? Ne reste-t-elle pas ? Et l'homme bon, quelquefois, ne s'en va-t-il pas pour n'être de long-temps remplacé ?

« Parlerons-nous de la police et de certains tribunaux ?

« Parlerons-nous de ces vieilles lois encore en faveur, que les mœurs repoussent autant que le bon sens ?

« Parlerons-nous de cette liberté si sacrée, mais violée par rapport à celle des consciences religieuses ?

« Parlerons-nous de l'autorité paternelle si singulièrement restreinte par la volonté du magistrat ?

« Parlerons-nous de certaines obligations du domestique envers son maître ? de certaines obligations de l'ouvrier envers le propriétaire ?

« Parlerons-nous aussi de celles dans lesquelles on retient les volontés individuelles qui se trouvent si impérieusement contrariées dans le choix des professions ?

« Je sais bien tout ce que répondent à ces derniers articles les partisans des lois anglaises. Ils s'appuient des mœurs, de la morale, des sûretés personnelles. Mais ils ne détruiront pas le premier tort, qui est celui d'attaquer sous ce prétexte, quelque louable qu'il puisse être, toutes les libertés de chacun. Et puis, quels sont-ils donc ces citoyens qu'il faut soumettre à la plus stricte surveillance, jusques dans leur état privé ? Chez nous, les mœurs sont des devoirs imposés plutôt par l'éducation que par la loi. Chez nous, l'éducation a force de loi. Un magistrat aurait très-mauvaise grâce de venir s'informer, ainsi que cela se pratique en Angleterre, si nos enfans sont tenus proprement. Une mère de famille prendrait cette démarche pour une folie ou pour une offense.

« La loi, la police, chez nous, ne nous font pas l'injure de nous croire d'abord dénués d'ordre, de soin, de pudeur, de sensibilité et de probité. La loi dit : Tu ne voleras point, tu ne tueras point ton semblable si tu n'es pas obligé de repousser la force par la force. Mais le magistrat ne va pas roder autour ou dans la maison du citoyen, pour savoir s'il se dirige, ainsi que ses enfans, de manière à ne pas commettre l'un ou l'autre de ces délits. En France, de pareilles mesures seraient trop insultantes et ne seraient point souffertes. Il est même des crimes que nos législateurs n'ont point osé prévoir, et nous ne pouvons pas encore penser qu'un parricide, qu'un matricide, ou qu'un infanticide ait été commis sans que son auteur ait été privé de la majeure partie de ses facultés mentales. Toutefois, presque toujours, il subit sa peine ; mais l'idée que nous attachons à sa mort, est qu'il y a nécessité, qu'il est important d'enfouir dans le néant une créature monstrueuse qui a péché par le sang. Cette sorte de difformité nous fait une telle horreur, que nous nous rapprochons en cela de ces Grecs qui n'en admettaient aucune dans la construction physique des individus.

(15)

« Quant aux mœurs des Anglais , je dirai
donc qu'il ne peut y en avoir de vraiment
bonnes , de vraiment douces , de vraiment par-
faites , dans un pays où les femmes sont traitées
en esclaves , et où les hommes ne permettent
qu'à eux d'êtres libres. On ne peut sentir le bonheur de l'égalité , le prix de la justice , en con-
trariant ainsi les vœux de la nature qui n'a point
prétendu , et ne prétendra jamais que l'être le
plus utile , le plus important par rapport à elle ,
sur la terre , jouât le pitoyable rôle , non-seu-
lement de la neutralité , mais de la plus honteuse
humilité. De-là découlent tous les vices que la
morale a le droit de reprocher aux Anglais.
Une fois que le premier commerce de la nature
est avili , tout n'est plus que factice , tout ne
tient plus que de la sotte vanité : de-là , les scan-
dales offerts dans les tribunaux et dans les places
publiques. Ne voit-on pas encore , en Angleterre, un mari traîner sa femme, la corde au cou,
pour la vendre au premier acheteur ? Et madame de Staël ne s'est aucunement pénétrée de
l'énormité de cet outrage fait à notre sexe , chez
un peuple qu'elle a présenté à notre vue comme
le phare de l'univers !

« Quant à l'industrie des Anglais , on en con-
naît plus les bornes que l'étendue.

« Quant à leurs vertus , il en est de même que

de leurs mœurs; elles conserveront une aridité insupportable, une imperfection désolante, tant qu'ils n'offriront pas dans leur société le mélange tout naturel des deux sexes. N'oublions pas que les femmes de tous les pays aiment la bravoure, la gloire, la générosité, l'indépendance et la justice; et chaque femme dont un Anglais repou s ra l'e t etien et la société habituelle, le privera, sur-tout, d'une de ces éminentes vertus.

« Quant à la morale, à l'intelligence des Anglais, je n'ai pas besoin d'en parler, puisque l'une est compagne des mœurs, et l'autre de l'industrie.

« Quant à leur esprit, à leur philosophie, à leur génie, quels en ont été et quels en sont chez eux les grands résultats? Ont-ils un Molière, un Corneille, un Racine, un Voltaire, un Buffon? ont-ils un Bossuet, et sur-tout un Fénélon? ont-ils un Montesquieu, un Mably, et dirai-je un J.-J. Rousseau, quoique pour sa gloire il eût dû brûler ses Confessions et son Emile? Et chez quels peuples ne sont pas traduites et apprises ces productions créées par tout ce que la sagesse et la grandeur humaine ont de plus imposant et de plus magnifique?

« Quant aux sciences, si les anciens qui nous les ont transmises, revenaient sur la terre, je ne pense pas que les Anglais leur paraîtraient ceux-là qui auraient fait le plus fructifier cet immortel héritage! et cette France, dont ils veulent être constamment les rivaux, les surpasse, assurément, en physique, en mathématique, en géométrie...., etc.......; quant à la chimie et à la médecine, elles sont portées en France à un degré bien éminent: et tant d'avantages lui sont si peu contestés, que c'est chez elle que toute l'Europe abonde pour s'instruire ou pour se perfectionner. Quels plus honorables témoignages la France pourrait-elle donc souhaiter de sa supériorité sur un peuple qui pourtant n'en est séparé que par la distance de quelques lieues?

« Quant aux arts, je n'en parle pas: les Anglais en ont une trop faible idée, quoiqu'ils semblent si fort les admirer. Puissent-ils un jour en devenir sincèrement amateurs, et nous croirons alors qu'ils auront appris à sacrifier aux grâces!

« Toutefois, madame de Staël, dont ce peuple est l'idole, en réunissant sur lui tous les trésors dont j'ai fait l'énumération, voudrait bien se donner aussi le mérite de le blâmer quelquefois avec une sorte de justice; elle blâme donc les Anglais par rapport à leur diplomatie, par rapport à leur politique au dehors! mais, prenons-y garde......., il entre dans cette espéce de blâme, que cette femme écrivain leur fait, une sorte de fausseté, d'hypocrisie, qui bouleversent l'ame. Quand elle veut protéger de sa plume les Français contre les Anglais, remarquez bien comme de l'état d'humiliation et de malheur de notre France, elle rehausse la splendeur et l'éclat de l'Angleterre.

« Ah! qu'un Anglais exalte son pays, qu'un Anglais vante la sagesse de son gouvernement, les triomphes, la gloire des armées et les vertus des généraux de sa nation; qu'il s'enivre tant qu'il lui plaira de la conquête inattendue de cette belle France, il le peut, il a sur cela une liberté sans limites : mais qu'une femme qui s'est dite française, et qui savait que depuis si long-temps une nation rivale nous souhaite des revers...., osât lui élever des autels!...... cela est affreux!...... O vous, parmi les Anglais, qui possédez un cœur sensible et vertueux, n'est-il pas vrai que vous dédaignez cet encens? n'est-il pas vrai que votre noble patriotisme ne peut s'habituer à l'éloge du transfuge?..... Et vous, peuples de diverses contrées, qui connaissez ma patrie, ses vertus, ses malheurs et sa gloire, n'est-il pas vrai que vous serez remplis d'indignation quand vous saurez qu'une femme après avoir écrit dans son ouvrage : « Enfin, que dira la postérité de la conduite récente du ministère anglais? je l'avouerai, je ne puis approcher de ce sujet, sans qu'un tremblement intérieur me saisisse,» a pu ajouter: «Et cependant, s'il fallait, je ne crains point de le dire, qu'une des deux nations, l'Angleterre ou la France, fût anéantie, il vaudrait mieux que celle qui a cent ans de liberté, cent ans de lumière, cent ans de vertus, conservât le dépôt que la Providence lui a confié?»

« Grand Dieu! peut-on se jouer ainsi de la sensibilité d'un nation malheureuse! Quoi! cette femme éprouvait un saisissement intérieur, et, à l'instant même, elle osait former le vœu du parricide!....... ô comble d'horreur!........ Mais terminons : mon cœur se gonfle, mes yeux se remplissent de larmes...... Je crois voir dans cet exécrable vœu ma pauvre patrie, luttant contre ses derniers momens, porter ses regards vers le passé, y reconnaître tous ses cruels oppresseurs, et payer tous leurs crimes du plus pur de son sang! »

FIN.